Rhetorik für Einsteiger

Wie Sie die Kunst der Kommunikation meistern, souverän auftreten und andere von Ihrer Meinung überzeugen, ohne dass Sie es merken – inkl. Guide, um die besten Reden zu halten

Lisa Fischer

INHALT

Das erwartet Sie in diesem Buch

Kennen Sie dieses Gefühl? Sie haben sich gut und gründlich vorbereitet für die anstehende Rede und geraten dennoch in Panik? Sie fürchten sich geradezu davor, dass alle Blicke auf Sie gerichtet sein werden und Sie die volle Aufmerksamkeit haben? Die Nervosität übernimmt das Ruder? Ihre Hände sind schwitzig, Ihr Kopf wie leergefegt? Ihr Mund ist trocken und das Füllen der Lunge mit Sauerstoff fällt Ihnen unglaublich schwer? Sie geraten in Panik und fühlen sich absolut hilflos?

Dann ist dieses Buch für Sie absolut zutreffend. Denn gegen das Lampenfieber kann man angehen, indem man gezielt die eigene Rhetorik trainiert und verbessert. Sie sind nicht die einzige Person, die mit solchen Symptomen zu kämpfen hat. Somit stehen Sie nicht allein da.

Das Lampenfieber ist weltweit bekannt und auch verbreitet, es ist nur eine Frage der Taktik, wie Sie mit den verschiedenen Ausprägungen der Symptome umgehen. In diesem Buch werden Sie in die Kunst der Rede eingeführt. Sie bringen alles über die Rhetorik in Erfahrung: Wieso diese so bedeutend ist und wie Sie Ihr Auftreten sowie Ihre Redegewandtheit in der Zukunft überzeugend gestalten können.

Des Weiteren wird erläutert, was das Besondere an unserer heutigen deutschen Sprache ist und wie die Kommunikation unter gehörlosen Menschen funktioniert. Profitieren Sie hier von qualitativ hochwertigen Tipps und Ratschlägen, um Ihr gesamtes Auftreten sowie Ihr Wohlbefinden zu verbessern. Sie werden etliche Informationen erlangen, sodass Ihr nächster Auftritt authentisch und überzeugend sein wird – das versichere ich Ihnen! Die von Ihnen investierte Zeit wird sich auszahlen. Nehmen Sie sich die Zeit, dieses Buch zu lesen und verabschieden Sie sich künftig von Ihrer Angst vor Präsentationen.

Viel Spaß beim Lesen!

Die Rhetorik verstehen

WAS DEFINIERT DIE RHETORIK?

Zu Beginn müssen Sie erst einmal verstehen, was die Rhetorik meint, bevor Sie überhaupt gegen die Angst vor Präsentationen angehen können. Die Rhetorik wird unterteilt in die Redegewandtheit und die Körperhaltung. Die Redegewandtheit definiert die Sprache und den Ausdruck des Präsentierenden. Die Körperhaltung hingegen beruht auf dem Auftritt der Person auf einer Bühne oder auch vor Menschengruppen. Dazu zählt u. a. auch die Gestik. Wenn beide stark ausgebildet sind, tritt der Präsentierende selbstsicher und überzeugend auf. Er oder sie kann sich betont sympathisch darstellen und die Zuhörer geradezu in seinen Bann ziehen. Das Interesse ist geweckt und die ganze Aufmerksamkeit wird ihm zuteil. Er oder sie kann mit seiner Rhetorik das Publikum beeinflussen und wird in der Lage sein, den*die Zuhörer*in zu einem bestimmten Vorgehen zu bewegen.

Jedoch ist zu berücksichtigen, dass die Rhetorik keineswegs mit einer Überredung gleichzustellen ist. Nein, stattdessen ist mit ihr eine Überzeugung gemeint. Die Zuhörer sollen von der Meinung des Präsentierenden überzeugt werden. Die Rhetorik unterstützt dieses Ziel. Außerdem soll das Publikum später in der Lage sein, das Präsentierte wiederzugeben. Die präsentierten Inhalte der Rede sollen dem Publikum langfristig im Gedächtnis bleiben. Zusätzlich steigert die Beherrschung der Rede- und Kommunikationsfähigkeit Ihr Selbstbewusstsein und schafft unzählige Erfolgserlebnisse. Sie erweitern Ihren Wortschatz und gewinnen an Überzeugungskraft. Viele soziale Möglichkeiten werden sich Ihnen öffnen.

Wie Sie sehen, bringt Ihnen eine ausgeprägte Redekunst unzählige Vorteile. Die Rhetorik kann jeder verbessern, unabhängig von seinen Charakterzügen. Leider gibt es keine Zauberformel. Umso wichtiger ist die Übung. Das Reden lernt man nur durch das Reden und die Körperhaltung erhält man durch das Aufweisen einer erbrachten oder gelernten Leistung. Jeder kennt den Spruch „Übung macht den Meister ".

*** Ein schlechter Redner geht auf die Bühne und beweist, dass er oder sie ein guter Rhetoriker ist. ***

DIE GESCHICHTE DER RHETORIK

Die Entwicklung rhetorischer Theorien begann im 5 Jahrhundert v. Chr. im antiken Griechenland. Mit dem Sturz der Tyrannenherrschaft setzte sich die attische Demokratie durch. Nun wurden politische Konflikte öffentlich und in großen Ansammlungen ausgetragen. Zudem kam es im Volk durch die Neuordnung zu Spannungen und Streitigkeiten. Behandelt wurden die unterschiedlichen Interessen in vielen Gerichtsprozessen.

In einer solchen Verhandlung kam es vor allem auf die Überzeugungskraft und Wirksamkeit der Rede an. Oft wurde ein Mann vom Fach in Betracht gezogen, da man auf einen Erfolg hinstrebte. Die

Menschen begannen, sich detailliert und wissentlich mit der Redekunst auseinanderzusetzen und das öffentliche Auftreten fachkundig und kompetent zu gestalten. Denn ihnen war bewusst, dass einem lediglich mit einem überzeugenden Standpunkt das Recht gewährt wird. Die Grammatik, die Rhetorik und die Didaktik gewannen in der griechischen Antike an Bedeutung, so dass sogar Regeln für das Reden und Argumentieren aufgestellt wurden. Denn wer eine Krise - zu seinem Vorteil - meistern will, der muss kommunizieren und überzeugen.

ANGEBOTE ZUR RHETORIK

Die Rhetorik spielte in den verschiedensten Epochen eine entscheidende Rolle. Manchmal hatte sie oberste Priorität und zu einer anderen Zeit spielte sie kaum eine Rolle. Aber sie entwickelte sich immer weiter. Inzwischen gibt es etliche Kurse, Seminare und Handbücher über Rhetorik und in diesem Zusammenhang auch zur Verfassung von Geschäftsbriefen, von Beileidsschreiben, von Empfehlungsschreiben, von Glückwunschschreiben sowie von Büchern. Des Weiteren gibt es viele Fördermöglichkeiten zur Unterstützung beim Halten von Tisch-,

Grab- oder auch politischen Reden. Diese Angebote werden unterteilt in Theorie und Praxis. Heutzutage ist für die Rhetorik nahezu jede Trainingseinheit verfügbar. Sie müssen sich nur umschauen und die Augen offenhalten – sowohl in der Öffentlichkeit als auch im Internet. Viele Universitäten bieten Rhetorik sogar als Studienfach an. Dieser Schwerpunkt ist besonders beliebt. Die Rhetorik gewinnt in der heutigen Zeit nämlich erheblich an Bedeutung. Sie ist sehr wichtig geworden, wie Sie im weiteren Verlauf dieses Buches feststellen werden. Die Angebote sind zahlreich und breit gefächert. Von der damaligen großen Tradition ist heute jedoch nur noch wenig übriggeblieben.

DIE AIDA - FORMEL

Heutzutage nimmt die Rhetorik in der Öffentlichkeit eine entscheidende Rolle ein. Sie ist vertreten in der Werbung, im Fernsehen, im Radio bis hin zur Wirtschaft. Besonderes Augenmerk möchte ich an dieser Stelle auf das Marketing legen. Nehmen Sie die Werbung in Ihrem Umfeld doch mal bewusst wahr. Was ist abgebildet? Welche Farben wurden verwendet? Sind Personen zu sehen? Was tragen diese abgebildeten Personen? Wird ein Anzug getragen oder besteht ihre Kleidung aus einem Blaumann? Wie ist ihre Mimik? Schauen sie streng, freundlich, konzentriert oder stirnrunzelnd? Wie ist die Körperhaltung? Was macht die Person? Ist sie beim Arbeiten? Präsentiert sie etwas? Konzentrieren Sie sich auf die Hände der Person.

Analysieren Sie jedes Detail. All diese Kleinigkeiten werden gezielt von Werbeagenturen eingesetzt. Hier wird wochenlang umfangreich nach einer geeigneten Werbung gesucht. Aber auch der Sendeort der Werbung ist kein Zufall. Die Mitarbeiter orientieren sich oftmals gern an der AIDA-Formel – die Werbewirkungsformel: Aufmerksamkeit (=Attention), Interesse (=Interest), Verlangen (=Desire) und Abschluss (=Action). Sie wurde 1898 von Elmo Lewis entwickelt und stellt die vier Phasen dar, die ein Konsument durchlaufen muss, ehe er den Kauf eines Produktes oder einer Dienstleistung vollzieht.

Bei „Attention" steht die Gewinnung der Aufmerksamkeit der gewünschten Zielgruppe im Mittelpunkt. Man möchte aus der Masse herausstechen, indem man mit auffälligen Fragen, frechen Sprüchen oder ungewöhnlichen Bildaufnahmen wirbt. Ein

Werbeeffekt, der den Kunden in die nächste Phase bringt, existiert nur, wenn die Marketingbotschaft die Aufmerksamkeit der Zielgruppe gewinnen kann. In dieser weiteren Phase „Interest" gilt es nun, die gewonnene Aufmerksamkeit zu nutzen und die erzeugte Aufmerksamkeit weiter zu vertiefen, so dass das jeweilige Produkt oder die Marke im Gedächtnis des Rezipienten verfestigt wird. Weiter geht es mit der dritten Etappe: „Desire" – das Verlangen.

Nun soll das Bedürfnis geweckt werden. Der Empfänger der Werbung soll den Wunsch verspüren, das umworbene Produkt zu erlangen. Um dies zu erreichen, wird oft Gebrauch gemacht von emotionalen oder rationalen Botschaften, z. B. in Form von Werbeversprechen. Diese zielen auf das Verlangen nach gesellschaftlicher Anerkennung bzw. auf den Vorteil des Erwerbs des Produktes ab. Aspekte sind beispielhaft der soziale Status, die Sicherheit, die Freude, die Qualität, die Langlebigkeit oder ein Preisvorteil. In der letzten Stufe „Action" geht es dann um die Handlungsaufforderung, welche auf den Kauf abzielt.

Diese geschieht durch Kontaktangaben oder einen Verweis auf eine Internetseite, die der Werbung zu entnehmen ist. Erst mit dem Abschluss des Kaufes ist dieses Stufenmodell vollständig.

Und genau an diese Formel können Sie sich auch halten, wenn Sie eine Rede halten wollen. Sie lässt sich ganz einfach auf die Rhetorik anwenden. Zunächst müssen Sie das Publikum so ansprechen, dass dieses seine volle Aufmerksamkeit auf Sie richtet. Der Fokus muss auf Ihnen liegen. Anschließend müssen Sie das Interesse der Zuhörer wecken, welches sie dazu animiert, Ihnen weiter zu folgen. Geben Sie einen kurzen Einblick in Ihre folgende Rede. Danach muss alles Wichtige genannt werden. Grundgedanken werden von Ihnen definiert und das eigentliche Thema wird erläutert. Sie gehen detailliert auf das Thema ein und legen Ihren Standpunkt dar.

Am Ende ist es wichtig, dass der Abschluss so formuliert wird, dass das Publikum etwas behält. Die Zuhörer sollen Informationen erlangen und das Bedürfnis haben, Ihren Aufforderungen nachkommen zu müssen. Gern können Sie auch Kontaktdaten hinterlassen, um dem Publikum die Möglichkeit zu geben, Sie auch Tage später noch bei weitergehendem Interesse oder bei Unklarheiten zu kontaktieren. Oft kommen Fragen erst auf, wenn tiefgründiger über das Thema nachgedacht wird. Ihre Zuhörer nehmen die neuen Erkenntnisse mit nach Hause und erinnern sich zurück, wenn sie in den eigenen vier Wänden zur Ruhe kommen. Es wäre nicht abwegig, wenn Sie als überzeugender Redner zum Gesprächsthema im privaten Umfeld Ihrer Zuhörer werden.

RHETORIK IM DIGITALEN ZEITALTER

Heutzutage ist die Rhetorik nicht mehr wegzudenken. Tag für Tag machen wir Gebrauch von ihr, um uns jemandem gegenüber zu beweisen. Jedoch ist es wegen unseres deutschen Bildungssystems dem Zufall überlassen, wie ausgeprägt unsere Fähigkeit des Redens sind. In einigen Ländern lernen Menschen schon sehr früh, vor anderen gut und selbstbewusst zu sprechen. Im deutschen Sprachraum gibt es eine regelrechte Lücke in der Rhetorik und Kommunikation. Aufgrund unseres Erziehungssystems werden wir nicht dazu motiviert, früh und gut vor anderen Menschen zu reden.

Dabei ist unsere Fähigkeit, in den Punkten Dialog und Kommunikation, in unterschiedlichen Berufen sowie im Alltag gefragt. In unserer heutigen

Arbeitswelt werden tatsächlich sogar hohe Anforderungen an uns gestellt. Die Rhetorik ist Bestandteil verschiedener Studiengänge und ist aus der Wirtschaft, aus der Politik und auch aus der Öffentlichkeitsarbeit nicht mehr wegzudenken.

Die angewandte Redekunst gehört zum alltäglichen Handwerkszeug. Es ist wichtig, im Beruf und Privatleben seine Meinung zu vertreten, sich durchzusetzen und sich behaupten zu können. Überlegen Sie doch einmal, wo Sie heute Ihre Redegewandtheit eingesetzt haben. Planen Sie möglicherweise einen Urlaub mit einem Freund oder einer Freundin? Waren Sie sich uneinig über das Urlaubsziel? Nun, dann mussten Sie Ihr Gegenüber bewusst von Ihrer Meinung überzeugen.

Durch das Auflisten der vielen Vorteile haben Sie Ihren Freund oder Ihre Freundin in den Bann gezogen. Am Ende haben Sie gewonnen. Andernfalls hat Ihr Gegenüber Sie geschickt und taktisch überredet. In diesem Fall war seine Beredsamkeit erfolgreicher. Wie Sie merken, ist die Rhetorik nicht mehr wegzudenken – selbst, wenn sie nur unbewusst eingesetzt wird. Aus diesem Grund tragen unser Wissen über die Rhetorik sowie deren Umsetzung in hohem

Maße zu unserer Persönlichkeitsentwicklung bei, weshalb Sie sich auf jeden Fall fortlaufend mit der Thematik der Rhetorik befassen sollten.

Definition Lampenfieber

WAS IST LAMPENFIEBER?

Lampenfieber – wer kennt das nicht? Etliche Menschen fürchten sich vor Präsentationen, Vorstellungsgesprächen oder Prüfungen. Das Lampenfieber ist bei jedem Menschen unterschiedlich ausgeprägt und kann sich auf verschiedene Lebensbereiche beziehen. Die Ursachen sind dabei vielseitig und von Person zu Person unterschiedlich. Manche Menschen fürchten sich vor den Kameras oder Mikrofonen, andere vor der vollkommenen Aufmerksamkeit der Zuhörer. Wiederum andere haben Angst vor Burnouts, Blamagen oder Ähnlichem. Die am häufigsten vorkommende Angst ist

LISA FISCHER

die Redeangst. Diese wird im weiteren Verlauf ausführlicher angesprochen. Und all diese genannten Formen des Lampenfiebers haben eines gemeinsam: die Grundspannung.

Der Körper bereitet sich auf die bevorstehende Bewältigung der anstehenden Rede vor. Die mentale Leistungsbereitschaft wurde aktiviert und weist verschiedene Symptome wie Zittern, Erröten und Herzklopfen auf. Des Weiteren kann das Lampenfieber einen Konzentrationsmangel sowie Vergesslichkeit hervorrufen. Die Durchblutung des Gehirnes und der Muskeln wird gefördert, da sich Ihr Adrenalinspiegel erhöht. Ihr Reaktionsvermögen sowie Ihre Sinne werden verschärft. Sie werden aufmerksamer und hellwach. Damit ist viel Stress für Sie und Ihren Körper verbunden.

Da jedoch jeder Mensch anders auf Stresssituationen reagiert, sind auch die Symptome nicht zu vereinheitlichen. Während die einen sich auf diesen Adrenalinrausch freuen, empfinden andere dieses Gefühl als unangenehm. Gefährlich wird es, wenn Sie eine soziale Phobie entwickeln und folglich unter Burnouts und regelrecht unter Angstzuständen leiden. Sie fürchten sich geradezu vor Präsentationen und geraten in Panik, wenn die Aufmerksamkeit allein auf Ihnen liegt. Schlimmer wird es, wenn Sie eine Angst vor der Angst entwickeln. Es kann zu schlimmeren Symptomen, von Übelkeit und Bauchschmerzen über Kreislaufbeschwerden bis hin zu Ohnmachtsanfällen, kommen. Doch ich kann Sie beruhigen: Gegen das Lampenfieber kann man gezielt vorgehen. Sie werden sich vor Ihrem nächsten Projekt wohl und sicher fühlen.

DIE GEFAHR AUSGEHEND VOM LAMPENFIEBER

Die Angst vor dem Reden im öffentlichen Rahmen kann sich negativ auf den Alltag auswirken. Hierbei handelt es sich um eine Redeangst, die sogenannte Leistungsangst. Die Person befürchtet, dass er oder sie von dem*r Zuhörer*in als ungenügend wahrgenommen wird. Zudem ist es möglich, dass sich die Person vor möglichen Panikattacken während der Präsentation fürchtet. Der Betroffene meidet gezielt Karrieren, in denen das öffentliche Reden veranlasst wird. Studierende orientieren sich nicht an Themen, an denen sie interessiert sind. Stattdessen werden Fächer gewählt, bei denen sie sich Präsentationen entziehen können. Sie versuchen, sich durch diesen Weg vor ihrer Angst zu schützen. Folglich kann die Angst durch ihre Kraft bei den betroffenen Personen chronisch werden, sodass für ihn oder sie oft sogar Beförderungen oder der berufliche Aufstieg ausgeschlossen sind.

Die deutsche Sprache

DIE BESONDERHEIT DER (DEUTSCHEN) SPRACHE

Unsere Artikulation ist in allen erdenklichen Bereichen die wichtigste Habe, welche über unsere Anerkennung und Akzeptanz in der Gesellschaft entscheidet. Die Entwicklung unserer Sprache begann sehr früh. Selbst der Neandertaler konnte bereits sprechen. Für die Herstellung der damaligen Werkzeuge waren bestimmte Handlungsreihenfolgen erforderlich, die eine Vorstellung des hergestellten Werkstückes im Gehirn voraussetzten. Einige Forscher vermuten, dass sich diese handlungsorientierte Grammatik parallel zur

Vorsprache entwickelte. Schon im 2. Jh. v. Chr. gab es die ersten belegten Experimente, welche die Herkunft der menschlichen Sprache klären sollten.

Kleinkinder wurden einzeln oder in Gesellschaft isoliert, um deren Sprachverhalten analysieren zu können. In der Tat entwickelten diese Kinder eine Sprache, bestehend aus Lauten und Gesten, die nur für die Versuchspersonen verständlich war. Die Enttäuschung war groß, da diese Sprachentwicklung nur wenig mit der eigentlich erhofften zu tun hatte. Später ging man den biologischen Grundlagen der Sprachfähigkeit nach. Eine Stimme vom Band sprach zu einem Menschen, während seine Gehirnströme aufgezeichnet wurden.

Es galt herauszufinden, ob das Gehirn in der Lage ist, die Sprache in linguistische Kategorien einzuordnen. Sprich, ob es in der Lage ist, eine künstliche von einer natürlichen Stimme zu unterscheiden. Man fand heraus, dass sich die Sprache unabhängig vom Lernprozess entwickelte. Jeder Mensch – unabhängig von seiner Herkunft – ist in der Lage zu sprechen. Der US-amerikanische Linguist Noam Chomsky resümierte aus diesem Grund, dass jeder Mensch ein angeborenes Sprachorgan besitzt.

Dieses muss lediglich während der Kindheit mit dem Vokabular und der Grammatik der jeweiligen Muttersprache ausgestattet werden. Interessant ist auch, dass nach unserem heutigen Erkenntnisstand der Mensch die einzige Art ist, welche sprechen kann. Die Versuche, die den Nachweis einer Sprache bei Menschenaffen beabsichtigen, sind stark umstritten. Somit ist unsere heutige deutsche Sprache eine Eigenschaft unseres Volkes.

Unsere deutsche Sprache entwickelte sich demnach im Laufe der Geschichte aus kognitiven Fähigkeiten des Menschen. Als Ursprung unserer heutigen Sprache wird das Westgermanische, welches im 5. Jahrhundert entstanden ist, angesehen. Die Sprache, wie wir sie heute kennen, hat sich auch erst langsam über die Jahrhunderte entwickelt.

Verfeinert wurde sie erst mit der Zeit. Heute ist sie eine der am weitesten verbreiteten Sprachen in ganz Europa. Über hundert Millionen Menschen weltweit sprechen deutsch. Unsere Sprache ist mittlerweile so weit entwickelt, dass Sie diese sinnvoll anwenden können: Setzen Sie Ihre Sprache gezielt als Waffe ein!

DIE RECHTSCHREIBREFORM

Eine Rechtschreibreform ist dringend notwendig, da sich unsere Sprache weiterentwickelt hat. Die Sprache muss jedoch wachsen und darf nicht verordnet werden. Maximal 25 % der Deutschen beherrschen die deutsche Sprache wirklich. Das ist definitiv viel zu wenig. Und aufgrund der ständigen Neuerungen in der heutigen Rechtschreibung, kommt es immer wieder zu neuen großen Verwirrungen.

Dadurch, dass Regeln abgeschafft werden, wird die heutige Rechtschreibung deutlich vereinfacht. Die Sprachlogik, Historien, Bedeutungen und Sprachwissenschaften bleiben oft außen vor. Es kommt zu Widersprüchlichkeiten. Die Aufgabe des Dudens besteht grundsätzlich darin, aufzuschreiben, was alles im Umlauf ist. Keineswegs ist das Wörterbuch dazu berechtigt, den häufig falschen Gebrauch festzulegen und so zu fordern.

Die richtige Anwendung lässt sich leichter aneignen als die falsch verordnete Handhabung. Folglich kann man in diesem Fall von einer „Falschschreibreform" sprechen. Immanuel Kant sagte einmal, dass einer Nation kein größerer Schaden zugefügt werden könne, als wenn man ihr den Nationalcharakter, die Eigenheit des Geistes und ihrer Sprache nehme. Zum Verständnis:

Eigennamen werden gestrichen, verfälscht und ersetzt. Die veränderte Schreibweise führt zu Sinnveränderungen:

1.) bisher: alles beim Alten lassen = beibehalten; Neuschrieb: alles beim Alten lassen = beim alten Mann lassen

2.) bisher: wohlgetan = gut getan; Neuschrieb: wohl getan = vermutlich getan

3.) bisher: schlechtmachen = schlecht kritisieren; Neuschrieb: schlecht machen = pfuschen

4.) bisher: musikliebend = Eigenschaft; Neuschrieb: Musik liebend = Musik nicht hassend

Selbst durch die Silbentrennung kann es zu Verständnisproblemen kommen. Schüler und Schülerinnen werden aufgefordert, nach ihrem Bildungsgrad zu trennen - also so, wie er oder sie gerade empfindet. Daraus resultiert folgendes:

1.) Tee-nager = nagt am Tee; Teen-ager = Person im Alter zwischen 10 und 20 Jahren

2.) Hö-rer-fah-rung = der Hörer wird gefahren; Hör-er-fah-rung = die Erfahrung des Hörers

3.) Sprech-er-war-tung = Erwartung eines Spre-chers; Spre-cher-war-tung = Wartung eines Spre-chers

Angenommen, das „ß" wird in Zukunft wieder durch das „ss" ersetzt, wie soll man dann zwei sich wider-sprechende Aussagen voneinander unterscheiden?

1.) Die Menschen kamen in Massen. – Die Menschen kamen in Maßen.

Stellen Sie sich mal vor, die Rechtschreibung wird so weit vereinfacht, dass daraus folgende Sätze resul-tieren:

„im alfabet wird ales uberflusige ausgesaltet. di sul-seit kann sofort fon neun auf swei ur ferkürst wer-den. nimant bukt mehr den deutsunterikt."

Wichtig ist, dass Ihr Sprachgebrauch auf dem neus-ten Stand ist. Ihre Grammatik sollte in einer Rede fehlerfrei sein, um Ihre Anerkennung nicht aufs Spiel zu setzen. Eignen Sie sich zu Ihrem Themenschwerpunkt ein geeignetes Fachvokabular an. Verwenden Sie aber ausschließlich Wörter, deren Bedeutung Sie auch kennen. Und achten Sie dann auch verstärkt darauf, dass Ihre Zuhörer Ihnen weiterhin folgen können.

Rhetorik bei körperlich Beeinträchtigten

DER ALLTAG GEHÖRLOSER

Circa 16 Millionen Schwerhörige leben in der Bundesrepublik Deutschland, darunter circa achtzigtausend Gehörlose **. Trotz des technischen Fortschritts bleiben manche Ursachen oft unbekannt. Aber grundlegend kann man sagen, dass die Gehörlosigkeit vererbt wurde oder, dass der Fötus im Mutterleib durch Krankheiten oder durch die Einnahme von Medikamenten geschädigt wurde. Diese Menschen, die körperlich oder geistig beeinträchtigt sind, benötigen besonders eine bedarfsgerechte Hilfestellung, um selbstbestimmt und gleichberechtigt am Alltag teilhaben zu können.

Mit Hörgeräten ist es möglich, ein geringes Resthörvermögen zu nutzen, um laute Geräusche wahrnehmen zu können. Da das Hören bei gehörlosen Menschen stark eingeschränkt bis unmöglich ist, sind die anderen Sinne der Betroffenen stärker ausgeprägt. Informationen zur Orientierung, zum Lernen und zum Interagieren mit der Umwelt verlaufen optisch.

Viele Gehörlose denken sogar tatsächlich in Gebärdensprache – welche in den Sprachzentren und nicht in den Arealen für visuelle Reize verarbeitet werden. Für gehörlose Paare mit Kind gibt es separate Signalanlagen, die über Licht- oder Vibrationssignale verfügen. Wollen Sie mit einer tauben Person lautsprachlich kommunizieren, obwohl Sie die Gebärdensprache nicht beherrschen, so sollten Sie wesentliche Kommunikationsregeln beachten. Schauen Sie Ihren Gesprächspartner an und halten Sie Blickkontakt. Es ist wichtig, dass ausreichend Licht auf Ihr Gesicht fällt. Ihr Mund sollte nicht bedeckt sein. Verwenden Sie kurze und klare Sätze unter der

Vermeidung eines Dialektes und sprechen Sie langsam und deutlich, jedoch nicht lauter als üblich. Sprechen Sie zu laut, so verzerren Sie Ihre Gesichtszüge. Folglich erschweren Sie dem bzw. der Gehörlosen das Ablesen. Außerdem sollten Sie eine deutliche Mimik und Gestik in Betracht ziehen. Kommt es zu Missverständnissen, so können Sie Ihre Mitteilung auch schriftlich festhalten.

** Leider kommt es häufig vor, dass Gehörlose für „taubstumm" erklärt werden. Dieser Begriff ist jedoch veraltet und wird von Betroffenen als abwertend und diskriminierend empfunden, da sich das Wort „stumm" etymologisch vom Wort „dumm" herleiten lässt. Betroffene sind taub, aber nicht stumm, weil sie in der Lage sind, sich auszudrücken und zu sprechen. Aus diesem Grund werden hier die Bezeichnungen „taub" und „gehörlos" bevorzugt.

DIE GEBÄRDENSPRACHE

Die Gebärdensprache ist ein komplexes Sprachsystem, bestehend aus Handzeichen, Mimik und Körperhaltung. Das Fingeralphabet findet lediglich Anwendung beim Buchstabieren von Fremdwörtern oder Eigennamen. Von der Sprachwissenschaft wurde die visuelle Gebärdensprache erst 2002 mit dem Behindertengleichstellungsgesetz als eine vollwertige Sprache anerkannt. Sie verfügt über ein umfassendes Vokabular und über eine eigenständige Grammatik. In der Gebärdensprache werden z. B. keine Artikel verwendet und die Verben werden in der Grundform genutzt.

Gegenüber der gesprochenen Sprache ist die Gebärdensprache aber ebenso komplex. Mit ihr kann man alles ausdrücken – selbst abstrakte Sachverhalte können definiert werden. Für Eltern, Angehörige und Freunde von Gehörlosen ist es notwendig, die Gebärdensprache zu erlernen. Dazu gibt es unzählige Angebote. Man kann es sich selbst aneignen oder man belegt verschiedenste Kurse. Doch wie kommt es, dass Gehörlose sich die Gebärdensprache nicht aneignen müssen und die Sprache quasi von Beginn an beherrschen?

Ab einem Alter von 1 Jahr kann die Gebärdensprache bereits in der Kommunikation mit einem Kind angewandt werden. Dabei werden die gleichen Entwicklungsstadien wie beim Erlernen der Muttersprache durchlaufen. Angenommen, beide Eltern sind gehörlos, dann entspricht der Muttersprache deren Kindern die Gebärdensprache, da sie diese schon von klein auf beigebracht bekommen. Es ist sehr hilfreich, wenn sozialisierte gehörlose Kinder zudem die Lautsprache beherrschen. Nur sehr wenige Menschen „sprechen" die Gebärdensprache, sodass das Lippenlesen im Alltag erforderlich ist. Haben Sie sich einmal im Lippenlesen probiert?

Sie werden feststellen, dass es Ihnen als außergewöhnlich schwer bis unmöglich erscheinen wird. Für Gehörlose gehört dies zum Alltag, aber dies rechtfertigt keineswegs, dass unsere Gesellschaft es als selbstverständlich hinnimmt, dass taube Menschen das Lippenlesen beherrschen. Des Weiteren sollten wir ihnen Respekt erweisen, da simple Angelegenheiten sich aus unserer Sicht für einen Gehörlosen als äußerst schwierig erweisen könnten. Ein Beispiel ist das Lesen, beginnend bei Sätzen über Texte bis hin zu ganzen Büchern.

WIE GEHÖRLOSE DAS LESEN LERNEN ...

Taube Menschen haben wenig Zugang zum Lesen und Schreiben. Es passt nicht in ihren Alltag. Hörenden Personen wird die Sprache über das Gehör vermittelt und mit dem geschriebenen Wortbild verknüpft. Gehörlose leben jedoch in einer visuell geprägten Welt. Sie beschreiben und lernen über Gesten – also mit ihren Händen und mit ihrem Körper. Ein Schriftbild ist ihnen fremd. Sie können sich keine Vorstellung davon machen, aus den Texten Informationen zu gewinnen, da ihnen die Erfahrungen im Hören fehlen.

Dabei können Sie sich mit dem Lesen neue Perspektiven eröffnen. Es gibt spezialisierte Schulen für Gehörlose, in denen gezielt auf gehörlose Menschen eingegangen werden kann. So werden sie gefördert und ihnen wird ein weniger belastender Bildungsgang ermöglicht. Gehörlose haben die Möglichkeit, auf die Mundbild- oder Gebärdenschrift zurückzugreifen. Mit ihr kann die Lautsprache auf Basis ihrer Alltagssprache – der Gebärdensprache – erworben werden. Die Mundbildschrift sowie die Gebärdenschrift sind somit eine Überleitung von der

Gebärdensprache zur deutschen Schreibsprache. Bei der Gebärdenschrift kommen bildhafte Symbole, Handformen, Bewegungen und mimische Ausdrücke zum Einsatz. Die Mundbildschrift ist fokussiert auf die Haltung des unteren Gesichtsbereiches und der Lippen bei der Formung von Lauten. Aufgrund dieser Bildhaftigkeit sind die beiden vorgestellten Schriftarten leicht nachvollziehbar und für alle Menschen – egal, ob taub oder nicht – schnell erlernbar.

Das daraus resultierende Fazit ist, dass taube Menschen durchaus in der Lage sind, das Lesen zu lernen, auch wenn dies kein einfacher Weg ist. Es gibt sogar taube Menschen, die bemerkenswerte Karrieren hingelegt haben.

So meistern Sie Ihre Prüfungsangst

Nun kommen wir zu dem Punkt, an dem Sie in die Welt der Präsentationen und Reden eingeführt werden. Sie bringen in Erfahrung, welche Punkte besonders wichtig sind und profitieren von Tipps für Ihren nächsten Auftritt – damit nichts mehr schiefgehen kann.

DIE VORBEREITUNG

Übung macht den Meister

Es ist wichtig, dass Sie sich ausreichend vorbereitet haben. Beschäftigen Sie sich ausführlich und im Voraus mit Ihrem Thema. Die primäre Voraussetzung ist, über die Zielgruppe möglichst viele Informationen zu sammeln und die Rede daran zu orientieren. Machen Sie sich also Gedanken über den Zweck, wen Sie erreichen möchten und darüber, welche Ergebnisse und Reaktionen Sie suchen.

Kennen Sie sich gut aus mit Ihrem Schwerpunkt und sind überzeugt von Ihrem Standpunkt, so lässt sich beides besser vertreten. Und mit dem Hintergrund abschließender Fragen, ausgehend von den Zuhörern, werden Sie auf alles eine passende Antwort parat haben und dem Publikum eine befriedigende Antwort bieten können.

Recherchieren Sie rechtzeitig. Bringen Sie Ihren Rechner auf Hochtouren und sammeln Sie aktuelle Artikel und Informationen. Planen Sie Ihren Auftritt detailliert. Lernen Sie die Texte aber keineswegs auswendig, dies führt zu monotonen Präsentationen und damit schnell zum Desinteresse der Zuhörer. Die Ursache liegt darin, dass Sie mit dem Thema nicht mitfiebern. Sie müssen ihre Rede aufbauen und auf den Höhepunkt hinarbeiten. Des Weiteren verleiten auswendig gelernte Texte dazu, dass Sie schnell zu hastig werden. Erleichtern Sie dem Zuschauer das Zuhören durch langsames und deutliches Sprechen. Und geben Sie Ihren Mitmenschen Zeit, Ihre Worte zu verarbeiten.

Nutzen Sie kurze Sätze und legen Sie Sprechpausen ein, um so die Wirkung des Gesprochenen zu steigern. Zur Unterstützung dieser Wirkungen - welche im weiteren Verlauf des Buches detaillierter aufgegriffen werden (siehe Kapitel „Ihr Ausdruck") - sollten Sie keine Zeit in das Schreiben der Texte investieren. Konzentrieren Sie sich stattdessen voll und ganz auf Aufbau und Inhalt der Präsentation und verlieren Sie nicht den roten Faden. Das Ziel Ihres Auftritts sollten Sie stets vor Augen haben.

Eine Vorbereitung kann Stunden und sogar Wochen bis Monate in Anspruch nehmen. Nehmen Sie sich also genügend Zeit und achten Sie darauf, dass Sie während der Präsentation nicht von Ihren eigenen Inhalten gelangweilt sind. Es ist definitiv hilfreich, den Vortrag im Voraus einige Male zu erproben. Gehen Sie ihn selbst durch und nehmen Sie sich

Personen aus Ihrem Umfeld zur Seite. Beginnen Sie mit einer und steigern Sie sich anschließend bis hin zu einer großen Gruppe. Sie werden bemerken, dass Sie sich nach und nach sicherer fühlen. Sie werden in Ihrer Präsentation regelrecht aufgehen. Selbstverständlich dürfen Sie sich Notizen (keine Sätze!) aufschreiben und mit zu Ihrem Auftritt nehmen.

Dieser kleine „Spicker" wird Ihnen als Gedankenstütze gewiss Sicherheit geben. Stellen Sie sicher, dass diese nummeriert sind. Im Stress kann es leicht passieren, dass Sie Ihre Notizzettel versehentlich vermischen oder eine Karte übersehen. Das wäre ärgerlich und könnte Sie schnell aus dem Konzept bringen. Erstellen Sie eine Karte, auf der Sie alle Themen sowie einen kurzen Zeitplan festhalten, um Ihr Timing besser überwachen zu können. Achten Sie aber darauf, den Fokus auf Ihre Gegenüber zu richten und vermeiden Sie eine ausschließliche Konzentration auf Ihr, effektives, Hilfsmittel.

Was zu vermeiden ist ...
Pünktlichkeit hat die höchste Priorität. Erscheinen Sie pünktlich zu Ihrem vereinbarten Termin. Dann haben Sie genug Zeit, sich auf Ihre anstehende Rede vorzubereiten und vermeiden so Stress. Stehen Sie

dagegen außer Puste und/oder zu spät auf der Bühne, so müssen Sie ein verärgertes Publikum informieren und überzeugen. Die Zuhörer reagieren auf solche Aktionen schnell verärgert.

Es ist selbstverständlich, dass Sie weder unter dem Einfluss von Alkohol noch von übermäßigen Medikamenten eine Rede halten sollten. Beides würde Sie beeinträchtigen und ein schlechtes Licht auf Sie werfen. Das sollte jedem klar sein, weshalb an dieser Stelle auf ausführlichere Beschreibungen verzichtet wird. Vermeiden Sie, äußerlich unsicher dazustehen. Typische Gesten, welche zu vermeiden sind, werden weiter unten im Kapitel „Ihre Gestik" aufgeführt. Es sorgt für Sympathie, wenn Sie den Blickkontakt zu Ihrem Publikum aufrechterhalten können.

Suchen Sie immer wieder direkten Blickkontakt und reagieren Sie auf die Emotionen Ihrer Zuhörer. Runzelt jemand z. B. die Stirn, so machen Sie es ihm oder ihr gleich. Mit Ihrem Stirnrunzeln signalisieren Sie Ihre Aufmerksamkeit und zeigen, dass Sie Ihre Zuhörer wahrnehmen. Es ist Ihnen wichtig, dass das Publikum Ihrem Redefluss folgen kann. Mit einem freundlichen Lächeln signalisieren Sie Ihrem

Gegenüber, dass Sie ihn oder sie wertschätzen. Vermeiden Sie aber während Ihrer Rede unter allen Umständen ein „Dauergrinsen". Wer immer lächelt, der erntet in unserem Kulturkreis Misstrauen, da dies nicht glaubhaft wirkt. Besonders, wenn Sie über ernste, wichtige oder traurige Themen sprechen, ist ein Lächeln unpassend.

Kurz vor Präsentationsbeginn …

Am Tag vor der eigentlichen Rede verhalten sich die Menschen unterschiedlich. Manche stellen letzte Recherchen an, einige lesen sich ihre Notizen nochmals durch und wiederum andere legen all ihre Unterlagen zu Seite, vertrauen auf das Gelernte und machen sich einen entspannten Tag.

Überlegen Sie sich, welche Methode Ihnen am meisten zusagt. Das müssen Sie für sich entscheiden. Fühlen Sie sich sicherer, wenn Sie Ihre Themen wiederholen oder werden Sie dadurch unglaublich nervös? Ich empfehle Ihnen an dieser Stelle, unsichere Daten noch einmal zu wiederholen und sich im Anschluss einen ruhigen Tag zu machen. Sie haben nach dieser fleißigen Zeit Ruhe verdient. Es ist gut, wenn Sie entspannt am Ort der bevorstehenden Rede ankommen. Lange haben Sie sich detailliert und ausführlich mit Ihrer Rede auseinandergesetzt und nun ist es soweit. Hilfreich ist es in jedem Fall, wenn Sie diesen Ort bereits vorher aufgesucht haben. Erstens, um Verspätungen zu vermeiden und zweitens, um sich mit dem Ort bereits vertraut zu machen. Sie fühlen sich in einer Ihnen bereits bekannten und vertrauten Umgebung sicherer.

Sie spüren dennoch, wie sich die Nervosität bemerkbar macht? Dann machen Sie verschiedene Atemübungen, um Ihr Herzklopfen in den Griff zu bekommen. Diese können Sie auch gern schon zu Hause, während Ihrer Vorbereitungszeit, durchführen, um die Wirkung in Stresssituationen zu fördern. In den eigenen vier Wänden stellen Sie sich dann ganz einfach ein imaginäres Publikum vor.

Zählen Sie zu Beginn laut – und später leise für sich in Ihren Gedanken - von eins bis fünf und legen Sie anschließend so lange eine Atempause ein, bis sich Ihr Körper passiv genug Luft geholt hat. Danach zählen sie wieder von eins bis fünf. Wiederholen Sie diese Übung mehrmals. Lernen Sie, diese Übung zu beherrschen. Dasselbe machen Sie vor Ihrem Auftritt. Achten Sie auch während Ihrer Rede darauf, dass Ihr Körper passiv ausreichend Luft geholt hat, bevor Sie den nächsten Satz in Angriff nehmen. Dieses Training führt zur Vermeidung von Atemnot und Nervosität.

Der Aufbau einer Rede

DER ERSTE EINDRUCK

Schon bevor das erste Wort Ihren Mund verlässt, ist bereits ein erster Eindruck entstanden. Unsere Attraktivität beeinflusst, wie man uns behandelt. Sind Sie sauber gekleidet, so bekommen Sie ein besseres Urteil als verwahrloste Menschen. Zudem ist drastisch zu erleben, wie Sie in den ersten Sekunden ein unglaubliches Charisma und eine unglaubliche Präsenz erzeugen können – und das ganz einfach durch eine „stehende Geste". Schweigend stellen Sie sich auf die Bühne und blicken mit langsamen Kopfbewegungen Ihre Zuhörer an. Ihre Unterarme halten Sie geöffnet ins Publikum, bei dieser Geste muss man zwingend unbewegt stehen bleiben. Verweilen Sie die ersten zehn bis fünfzehn Sekunden in dieser Pose. So werden Sie Ihr Publikum dominieren. Sie haben nun die volle Aufmerksamkeit.

DIE BEGRÜßUNG

Mit dem Hintergrundwissen, bereits einen guten ersten Eindruck hinterlassen zu haben, werden Sie selbstbewusster und siegessicherer in eine Präsentation einsteigen. Stellen Sie sich gern kurz vor. Dabei können Sie nichts falsch machen. Seien Sie sich dessen auch bewusst! Nun beginnt der eigentliche Einstieg. Mit der Einstimmung zum Thema sollen Sie Zuhörer gewinnen. Starten Sie mit Daten und Fakten, Vorurteilen, einer alltäglichen Handlung oder Ähnlichem. Hier wird Sie keiner einschränken. Und wenn Sie die Begrüßung absolviert haben, sind Sie bereits in den Redefluss eingestiegen. Die erste Hemmschwelle ist überschritten. Loben Sie sich an diesem Punkt gern selbst.

DER HÖHEPUNKT

Im weiteren Schritt geht es um die Verkündung Ihrer Thematik. Gliedern Sie Ihr Anliegen in Teilziele, welche Sie nacheinander abarbeiten und untermauern. Vermeiden Sie Füllwörter wie „irgendwie", „halt" oder" eigentlich" und Füllsätze wie „Ich glaube, ...", „Ich finde ..." oder „Ich bin der Meinung, dass ...". Schwammige und hohle Ausdrücke sollten umgangen werden. Diese entwerten Ihre Aussage radikal. Haben Sie den Hauptteil abgeschlossen, kündigen Sie den Schluss an.

DIE INHALTLICHE EBENE

Die Planung Ihrer Präsentation können Sie unterschiedlich angehen. Probieren Sie auch gern neue Methoden aus. Machen Sie sich Gedanken über Ihr Thema, den Inhalt, die Art der Präsentation, die Ausrüstung und den Ort der Veranstaltung. Sammeln Sie Ideen und erstellen Sie daraufhin z. B. ein Brainstorming oder eine Mind-Map. Beginnen Sie zunächst unerwartet. Seien Sie innovativ und mutig. Im nächsten Schritt geht es an die Materialien. Beobachten Sie die Medien und suchen Sie sich Übungen, Fall–

studien, Statistiken, Requisiten, Zitate, Analogien und/oder Partizipationen heraus. Überlegen Sie sich, was die Zuhörer sich zu hören wünschen. Unterteilen Sie Ihre Struktur in Abschnitte, Reihenfolgen, Überschriften, Intro, Mitte und Schluss und planen Sie anschließend die inhaltlichen Themen.

Gestalten Sie nun umfangreich Ihre Präsentation. Über Ihre Themen und Referenzpunkte sollten Sie aufgeklärt sein. Antizipieren Sie Fragen. Abschließend machen Sie sich Notizen, z. B. unter Verwendung von Karteikarten und Cue Cards. Für diese Vorbereitung der inhaltlichen Struktur sollten Sie genügend Zeit einplanen. Erstens, um Ideen über einen längeren Zeitraum zu sammeln und zweitens, um einen zeitlichen Engpass zu umgehen – schließlich müssen Sie am Ende auch noch Zeit zum Proben einplanen.

DAS PUBLIKUM EINBEZIEHEN

Zu jeder Rede gehört auch ein Publikum. Da Sie kein Selbstgespräch in Aussicht stellen, ist ohne Zuhörer keine Rede umsetzbar. Machen Sie sich also im Vornherein ausreichend Gedanken darüber, wie Sie Ihr Publikum aktiv und kreativ mit einbeziehen können.

Integrieren Sie Ihre Zuschauer mit in die Präsentation, um ein aktives Publikum zu gewinnen. Gestalten Sie Ihre Rede lebendig und aktiv. Sprechen Sie Ihre Zuschauer direkt an. Liefern Sie Beispiele, um Ihre Argumente zu unterstützen und die Thematik für das Publikum anschaulicher gestalten zu können. So kann man Ihrer Rede leichter folgen und Ihre daraus resultierenden Schlussfolgerungen besser nachvollziehen.

Mit aktiven Fragen können Sie gezielt der Langeweile oder Ermüdung Ihrer Zuschauer vorbeugen und so stellen Sie schnell fest, inwiefern Verständnisprobleme vorhanden sind. Stellen Sie aber keine Fragen, die Ihre Rede voranbringen soll. Kommt eine unbefriedigende Antwort eines Zuhörers, so müssen Sie mit dessen Aussage weiterarbeiten. Solche Fälle sollten Sie umgehen.

Diese könnten Sie verunsichern und die Anschaulichkeit Ihres Vortrags beeinträchtigen. Durch das Einbeziehen zeigen Sie Interesse an Ihren Mitmenschen und erzeugen Aufmerksamkeit sowie eine Bindung zu Ihrem Publikum. Der Zuschauer bekommt das Gefühl, wahrgenommen zu werden und merkt, dass Sie Interesse daran haben, ob er oder sie

Ihnen folgen kann. Es ist unglaublich wichtig, zu merken, ob Sie die volle Aufmerksamkeit haben. Um der Müdigkeit bei den Zuhörern vorbeugen zu können, lassen Sie doch das Publikum aufstehen und eine Übung absolvieren. Seien Sie kreativ bei Abstimmungen. Wie wäre es mit einer Hand-hoch-Regelung? Oder bilden Sie Gruppen, bestehend aus zwei oder mehr Personen, in denen eine Aufgabe bearbeitet werden muss. Ihrer Kreativität sind keine Grenzen gesetzt.

DER BEIFALL

Jede Rede, Präsentation etc. ist einmal zu Ende. Wichtig ist, dass Ihre Präsentation umfassend, aber nicht langgezogen ist. Die Konzentration der Menschen wird mit der Zeit abnehmen. Die Obergrenze einer Präsentationszeit liegt bei 20 Minuten. Besonders gute Erfahrungen wurden bei Präsentationen gemacht, die sieben Minuten umfassten. Fassen Sie nun noch einmal kurz das Resultat Ihrer Rede zusammen.

Geben Sie den Menschen fixe Ideen mit nach Hause, über die diese noch lange nachdenken können. Stellen Sie gern Forderungen gegenüber

Ihrem*r Zuhörer*in auf. So geben Sie ihm oder ihr Richtlinien mit nach Hause, die er oder sie umsetzen kann. Anekdoten sind zu vermeiden, da diese das Publikum auf andere Gedanken bringen. Diese können Sie besser zu Beginn einbringen, um die Konzentration des Publikums auf sich zu lenken. Lassen Sie Fragen und Kommentare zu.

Das Publikum soll sich gut informiert und aufgeklärt fühlen. Gehen Sie dabei auch gern gezielt auf Ihre Zuhörer zu und fragen nach ungeklärten Themen. Fragen sollten Sie sachlich und kurz und knapp beantworten. Vermeiden Sie jede Umschweife, diese würde zu Verwirrung führen. Um Zeit zu gewinnen, wiederholen Sie auch gern die erwähnte Frage. Ein weiterer Effekt neben der Zeitgewinnung ist, dass auch das gesamte Publikum die Frage wahrnimmt. Stehen Sie auf einer Bühne mit einer großen Menge an Zuhörern, wird das Gesagte eines Einzelnen oft verschluckt. Und nicht vergessen: Ihr Schlusssatz endet mit dem Beifall.

Mit dem Applaus ist Ihre Rede zu Ende. Sie haben es geschafft. Loben Sie sich selbst und freuen Sie sich über Ihre vollendete Rede. Bieten Sie Ihrem Publikum an, Sie nach der Rede zu kontaktieren, z. B.

bei weiterem Rede- oder Diskussionsbedarf, indem Sie sich nach der Präsentation unter das Volk mischen.

DER UMGANG MIT EINWÄNDEN

Kritik gibt es immer. Sprechen Sie vor einem großen Publikum, so müssen Sie davon ausgehen, dass Zwischenrufe Ihren Redefluss unterbrechen und brenzlige Fragen gestellt werden könnten. Doch auch in diesen Situationen können Sie Ihre Zuhörer mit der richtigen Technik überzeugen. Niemals sollten Sie unüberlegt oder gar schroff reagieren. Denn ein Redner wird auch nach seinem Umgang mit Kritikern beurteilt. Spielen Sie stattdessen in erster Linie auf Zeitgewinn. Loben Sie Ihr Gegenüber für die inhaltlich zutreffende Frage, z. B. mit der Aussage: „Das ist eine (interessante/gute/wichtige) Frage" oder wiederholen Sie einfach die gestellte Frage.

So schaffen Sie sich Zeit für Überlegungen und geben ein positives Signal gegenüber den Zuschauern. Würden Sie direkt auf die Frage antworten, würde man Sie als eine Person abstempeln, die weder abwägt noch souverän reagiert. Auch Ihre Antwort sollten Sie ruhig angehen. Verzichten Sie auf

Gesten der Überlegenheit, sofern der Einwand von Ihnen widerlegt werden kann. Bei berechtigten Einwänden beleuchten Sie ihn geschickt von zwei Seiten. Wissen Sie gerade keine Antwort auf den Zwischenruf, so können Sie dem gewandt ausweichen. Sie verdeutlichen, dass Sie die Bedenken ernst nehmen, sich aber nicht aus dem Konzept bringen lassen.

„Dazu muss ich erst genauere Informationen heraussuchen und Betroffene fragen (...)." Und sollte jemand mal einen Witz auf Ihre Kosten machen, tun Sie so, als hätten Sie ihn nicht gehört und bitten ihn oder sie um Wiederholung. Ein Witz verliert so seine Wirkung. Zeigen Sie niemals einem Menschen, dass Sie beleidigt sind, das würde Sie schwach erscheinen lassen.

MANIPULATION MITHILFE IHRER SPRACHE

Die Manipulation ist ein Synonym für negative Beeinflussung, Betrug, Verführung, Täuschung, List, Machenschaft und so weiter. Somit handelt es sich um einen bewusst gesteuerten Eingriff in den Willen eines anderen, um das eigene Ziel durchzusetzen und das gegen den Willen des anderen. Diese geschickte Handhabung lässt sich nicht von der Überzeugung trennen, da der Redner das Gegenüber von seiner Ansicht überzeugen will. Selbst wenn er oder sie vom Wahrheitsgehalt der eigenen Meinung überzeugt ist, handelt es sich um einen manipulativen Einsatz, auch wenn dieser nicht böswillig ist.

Dabei geht die Manipulation über unsere Sprache. Sie erfolgt in öffentlichen Reden, aber auch in der dialogischen Kommunikation. Tagtäglich werden wir manipuliert – Sie auch. Gängige Aufforderungen und Anweisungen werden hierbei schon aufgegriffen, wie z.B. die Frage nach Unterstützung. Eine Manipulation wird immer ermöglicht, wenn man einem anderen Menschen die eigene Meinung, eine Ansicht oder eine Handlung unter die Nase bindet.

Das Ziel ist, das der eine das tut, was der andere verlangt. Demnach gehören also immer zwei Menschen dazu. Eine leichtgläubige, naive und weniger wissende Person lässt sich auch definitiv leichter beeinflussen im Gegensatz zu einem kritischen Menschen. Für Sie ist es wichtig, dass Sie sich als guter Rhetoriker so gut wie möglich vor einer eventuellen

Manipulation zu schützen wissen. Mithilfe des Wissens um eine Verführung und mit der eigenen Kritikfähigkeit kann man sich am besten schützen. Es gibt verschiedene Angebote von Kommunikationseinheiten, in denen Sie die Täuschung lernen.

Hier einige Tipps: Metaphern, Emotionen und Informationen sind die Basis einer guten Manipulation. Bei einer Metapher wird das Gehirn schlichtweg ausgetrickst. Einem sprachlichen Bild wird mehr geglaubt als der analogen Aussage. Außerdem werden diese kaum auf den Wahrheitsgehalt geprüft. Nutzen Sie die Emotionen Ihrer Zuhörer und bringen Sie die Menschen dazu, sich zu fürchten. Dies ist der Kern der meisten Werbebotschaften. Eine derartige Variante ist sehr effektiv. Der höchste Manipulationsfaktor ist vermutlich die Erinnerung an die Hölle. Seien Sie hinterhältig, wenn es um Informationen geht. Verfälschen oder verschweigen Sie Teile, teilweise oder dogmatisch. Oder verkaufen Sie gekonnt Unwahrheiten. Letztendlich fungiert Ihr Gewissen als einziger Maßstab.

DIE SCHLAGFERTIGKEIT

Die Schlagfertigkeit ist eine Kunst, Recht zu behalten. Und das unabhängig davon, ob man Recht hat oder nicht. Der Sinn dahinter? Der Mensch möchte aufgrund seines Egos Recht behalten und in der Diskussion nicht als Verlierer dastehen.

Die sozialen Ängste der Menschen lassen sich in zwei Urängste unterteilen: Die Angst vor dem körperlichen Schmerz und die Angst, in den Augen anderer minderwertig zu sein. Das Selbstgefühl wird demnach geschöpft, indem er oder sie sich einbildet, was andere über ihn oder sie denken. Gäbe es diese Fremdwahrnehmung nicht, so gäbe es auch keine objektiven Wahrheiten. Somit glauben wir letztendlich nur an kollektive Definitionen. Beim gekonnten Streitgespräch (Diskussion) geht es somit um die Verbesserung der eigenen Fremdwahrnehmung mithilfe trickreicher Schlagfertigkeit, auch unter „Kunstgriffe" bekannt.

Diskussionen verlaufen somit selten auf einer objektiven Ebene. Differenziert wird dabei zwischen der sachlichen Argumentation (ad rem) und der Scheinargumentation (ad hominem). Wird sachlich argumentiert, wählt man Argumente, welche das

Thema unterstützen und unabhängig von jeglichen Meinungen sind. Das Gespräch orientiert sich am Thema und bleibt fair und gerecht. Eine Argumentation auf emotionaler Sprachebene wird hier ausgeschlossen. Zweiteres findet Anwendung, wenn man selbst oder der Gegner der Diskussion auf ein „Nebengleis" wechselt. Ad hominen definiert ein Argument an den Menschen. Das Argument weicht vom Kern der Diskussion ab oder ist möglicherweise sogar ein Angriff auf die andere Person. Eine genauere Prüfung ist ausgeschlossen, sodass das Argument möglicherweise nicht stand- beziehungsweise stichhaltig ist.

RHETORISCHE FIGUREN

Verwenden Sie sprachliche Mittel. Nutzen Sie die Möglichkeiten des deutschen Sprachgebrauchs und lassen Sie etwas Abwechslung mit in Ihre Präsentation einfließen. Stilistische Stilfiguren (rhetorische Stilfiguren?) weichen vom alltäglichen Sprachgebrauch ab und heben einzelne Teile Ihrer Rede hervor. Es handelt sich hierbei um Sprachsysteme, die beim Publikum einen speziellen Effekt hervorrufen können. Es sind auch Techniken, die dazu führen, ein bestimmtes Gefühl beim Zuhörer oder bei der Zuhörerin hervorzurufen, indem Sätze oder Wörter auf eine ganz bestimmte Weise benutzt werden. Gestalten Sie Ihre Präsentation umfangreich. Das wird dem Publikum gefallen. Verwenden Sie zur Abwechslung eine Metapher oder machen Sie Gebrauch von einer ironischen Aussage. Natürlich können Sie die Präsentation mit einem Witz beginnen, dieser sollte Ihre Professionalität jedoch nicht negativ beeinflussen und als Einstieg ins Thema dienen. Bringen Sie die Zuschauer zum Lachen, und strahlen Sie Sympathie aus, so wird u. a. die Anspannung schnell von Ihnen fallen.

Die Metapher gilt als die edelste Art der Schlagfertigkeit. Sie ist ein wichtiges Element der Rhetorik, im Gespräch sowie im Monolog. Mit diesen bildhaften Vergleichen lassen sich komplizierte Sachverhalte viel einfacher erklären. Hier ein Beispiel:

1.) „Was Sie erzählen, ist doch Schnee von gestern." Damit ist gemeint, dass diese Aussage, ebenso wie der (gestrige) Schnee, nicht mehr aktuell und sogar schon etwas aufgetaut ist.

Mithilfe eines Polysyndetons, bei dem Satzteile oder

Begriffe immer wieder durch dieselben Bindewörter verbunden werden, wird Ihre Aussage verdichtet und intensiviert.

Um Ihre Aussage zu untermauern, können Sie mit der Einbringung einer Verstärkung eine Botschaft betonen. Dazu wiederholen Sie ein Wort oder einen Ausdruck, während mehr Details hinzugefügt werden.

Kann Ihrer Ansprache eine rhetorische Frage zugutekommen?

Bei der Verwendung einer rhetorischen Frage, wird vom Publikum keine Antwort erwartet. Hierbei unterscheidet man zwischen zwei unterschiedlichen Arten: Einmal gibt es rhetorische Fragen, bei denen sich die Antwort unausgesprochen von selbst ergibt und dann gibt es noch rhetorische Fragen, bei der Antwort vom Redner selbst gegeben wird. Selbstverständlich sollten diese Fragen auf der Basis Ihres Themenschwerpunktes erfolgen. Wir starten mit der ersten Version. Hier hat jede*r Zuhörer*in eine klare Aussage vor Augen. Zwei Beispiele folgen. Sie werden sehen, dass Ihnen die Antwort nicht schwerfallen wird.

1.) „Haben Sie niemals einen Fehler begangen? "/ Zuhörer wird zum Nachdenken angeregt und Sie haben die Aufmerksamkeit. Zudem verbessern Sie auf diesem Weg Ihre Glaubwürdigkeit. Denken Sie daran, an dieser Stelle zusätzlich eine kleine Kunstpause einzulegen, damit die Frage in Ihrem Publikum nachschwingen kann. Kommen wir nun zur zweiten Variante der rhetorischen Fragestellung. Hierbei handelt es sich um Fragen, die man oft im Unterricht hört. Ein Beispiel ist:

1.1) „Ich betrat diesen Präsentationsraum. Und was habe ich gesehen? "

Solche Fragen sollten Sie zwingend vermeiden. Sie kommen einer Abfrage nahe und verströmen Langeweile im Publikum. Stellen Sie den Satz stattdessen um und machen Sie eine Aussage daraus:

1.2) „Ich betrat diesen Präsentationsraum. Und jetzt sage ich Ihnen, was ich gesehen habe … "

Nun wirkt Ihre Aussage viel interessanter und verströmt einen Hauch Spannung. Die Zuschauer warten nun gespannt auf Ihre weiterführende Erzählung. Sie fiebern mit Ihrer Rede richtig mit.

Ihr Ausdruck

IHRE STIMME

Ihre Stimme gehört zu Ihrer Persönlichkeit und ist ein Erkennungsmerkmal. Dieses direkte Ausdrucksmittel ist die Grundlage jeder Rede und die Grundlage eines Diskussionsbeitrages. Mit Ihrer Hilfe wird wahrgenommen, ob Sie nervös, siegessicher, unsicher oder motiviert sind.

Kleine Änderungen in Ihrer Atmung oder Schnelligkeit bleiben nicht unbemerkt und verraten dem Gegenüber etwas über Ihr aktuelles Wohlbefinden. Seien Sie kreativ und variieren Sie Lautstärke, Tempo und Tonhöhe. Reden Sie betont und langsam. Es sind viele Stimm-, Körper-, und Atemübungen zu finden, für das Training Ihrer Ausdruckskraft. Passen Sie sich dabei auch den Gegebenheiten an, sodass jeder Zuhörer Sie akustisch gut hören kann. Dies wird die Aufmerksamkeit auf Sie lenken.

SPRECHPAUSEN

Wann Schweigen Gold ist – eine Sprechpause verdoppelt die Wirkung Ihrer Präsentationen. Zu Beginn gewinnen Sie mit einer Spannungspause an Präsenz. Die Zuhörer werden leiser und richten ihre Aufmerksamkeit nach und nach auf die Bühne. Zudem lösen Sie auf diesem Wege Ihre innere Anspannung, ausgelöst durch Lampenfieber.

Eine Pause während Ihrer Rede ist mit einem Service für das Gedächtnis des Publikums verbunden. Themen lassen sich einfacher gliedern. Der*die Zuhörer*in behält den Überblick und kann Ihnen besser folgen. Am Schluss können Sie mit der Redepause eine Wirkung im Publikum erreichen. Der*die Zuhörer*in hat Zeit, das Gehörte zu verarbeiten, sodass es länger bei ihm oder ihr im Gedächtnis bleibt.

Ihr Auftreten

IHR AUFZUG

Sie kennen das bestimmt. Sie laufen über die Straße. Jemand kommt Ihnen entgegen und Sie fällen direkt eine Entscheidung. Entweder wirkt er Ihnen gegenüber sympathisch oder eben nicht. Womöglich sind Sie noch unentschlossen. Mit Vorurteilen wird er oder sie von Ihnen direkt in eine Schublade gesteckt. Studien zufolge sind Aussehen und Charakter eng miteinander verknüpft, da das äußere Erscheinungsbild viel über die eigene Persönlichkeit preisgibt. Urteile werden innerhalb von wenigen Sekunden gefällt. Signalisieren Sie beim ersten Eindruck durch bestimmte Posen Charaktereigenschaften. Gesichtszüge geben z. B. Auskünfte über die Kritikfähigkeit, das Durchsetzungsvermögen oder das Organisationstalent. Ihre Körperform verrät, ob Sie faul, reizbar, enthusiastisch, aktiv, passiv, vertrauenswürdig, selbstbewusst, schüchtern etc. sind. Auch der Hauttyp bleibt nicht unberücksichtigt.

Hat Ihre Haut, dank eines täglichen Pflegeaufwands, genügend Vitamine, ist Sie im Gleichgewicht. Ein unebenes Hautbild und ein müde wirkender Teint erwecken bei Ihrem Gegenüber womöglich den Eindruck, dass es nicht ausbalanciert ist. Aber all Ihre Eigenschaften sind irgendwo fix – Sie können nichts an Ihrem Körperbau oder an Ihrem Gesicht ändern. Selbstverständlich gibt es Schönheitsoperationen, aber auf diese sollten Sie nicht zurückgreifen, nur um auf der Bühne überzeugender zu wirken. Kein Merkmal wird Sie beeinträchtigen – sie geben lediglich Auskünfte über Ihren Charakter.

Zudem ist nicht jeder Mensch einfach in eine Schublade zu packen. Die Rhetorik macht Sie aus. Wenn Sie auf einer Bühne stehen, sollten Sie sich in Ihrer eigenen Haut wohlfühlen. Vermeiden Sie Kleidung, in der Sie sich eingeschränkt oder fremd fühlen. Berücksichtigen Sie aber dennoch, auf eine ordentliche und saubere Kleidung sowie auf ein gepflegtes Äußeres zu achten. Sie wissen vermutlich selbst nur zu gut, dass alte und durchlöcherte Kleidung Ihrem Ansehen und Respekt schaden könnte. Es sei denn, dies gehört zu Ihrer Absicht und stimmt mit dem von Ihnen befassten Themenschwerpunkt überein.

IHRE KÖRPERHALTUNG

Stehen Sie aufrecht und selbstbewusst. Proben können Sie dies ganz einfach vor einem Spiegel. Nehmen Sie verschiedene Positionen ein und Gesichtszüge an und lassen Sie sich von der Wirkung überraschen. Aber denken Sie daran, mit Ihrem Auftreten Ihr Ziel zu unterstützen. Wollen Sie eine Rede halten, die Zuhörer beraten oder zielen Sie auf ein Lob ab? Dementsprechend müssen Sie handeln.

Hier folgt ein Beispiel: Sie wollen eine Rede von wichtiger Bedeutung halten. Gerade in solchen Situationen, in denen das Augenmerk ausschließlich auf Ihnen ruht, wollen Sie positiv und zu Ihrem Vorteil wahrgenommen werden. Schon bevor Ihren Mund das erste Wort verlässt, ist bereits ein Eindruck entstanden. Vermeiden Sie einen krummen Rücken – dieser wirkt sich negativ auf Ihr Erscheinungsbild aus. Stehen Sie stattdessen mit einem geraden Rücken, mit straffen Schultern sowie mit erhobenem Kopf vor Ihren Zuhörern, so schaffen Sie sich eine mentale Nützlichkeit. Sie signalisieren einen hohen Status und geben Ihrem Gegenüber die Gewissheit, dass Sie Ihre Stärken kennen und Kompetenz aufweisen.

Zusätzlich strahlen Sie Würde, Attraktivität und Gesundheit aus. Halten Sie Ihren Blick offen und geben Sie dem Zuhörer das Gefühl, wahrgenommen zu werden. So können Sie ganz einfach das Interesse gewinnen. Damit haben Sie schon vor der eigentlichen Rede eine ausgezeichnete Selbstpräsentation hingelegt. Ihre Hemmungen werden gelockert. Und mit diesem Wissen können Sie gestärkt mit der eigentlichen Rede beginnen.

DER KÖRPERLICHE VERFALL

Bekanntlich baut der eigene Körper mit den Jahren ab. Die Sehkraft schwindet, Falten entstehen, die Leistung der Organe nimmt ab, das Gehirn braucht mehr Zeit beim Verarbeiten eintreffender Nervenimpulse und die Atemkapazität sinkt. Dies sind nur wenige Symptome des Alterns. Damit Ihr Körper über die Jahre durchtrainiert bleibt und damit Sie auf der Bühne als geistig fit eingestuft werden, sollten Sie Ihren Körper und Ihren Geist trainieren, um den Alterungsprozess weitgehend zu verlangsamen. Eine ausgewogene Ernährung ist dafür die Grundlage.

Machen Sie sich Gedanken über Ihre Essgewohnheiten und trinken Sie ausreichend. Wasser ist als Durstlöscher mit am geeignetsten. Ein weiterer Punkt umfasst die Bewegung. Es reichen ein Spaziergang oder eine Radtour. Ihr Körper muss nicht überstrapaziert werden. Hier können Sie sich an Ihren Vorlieben orientieren. Bereits in jungen Jahren sollten Sie auf Ihre Gesundheit achten – dafür ist es nie zu zeitig. Eine bessere Kondition und Gesundheit werden sich positiv auf Ihre Ausstrahlung auswirken.

IHRE HÄNDE

Vermeiden Sie es, Ihre Botschaft durch Ihre Handhaltung negativ zu beeinflussen. Geben Sie Ihren Händen die Freiheit, sich zu bewegen. Das natürlichste Verhalten ist der Einbezug beider Hände zu einer Geste – dies wirkt am besten. Ihre Hände sollten sich stets oberhalb der Gürtellinie befinden. Halten Sie nichts in den Händen, was Sie nicht benötigen. Gegenstände behindern massiv Ihre Gestik. Sie werden zum Spielzeug und können Ihre Zuhörer ablenken. Auch Ringe am Finger sollten während Ihres Vortrages unberührt bleiben. Natürlich sollte dieser Aspekt Sie nicht daran hindern, Notizzettel in Ihrer Präsentation einzubringen.

Wenn Sie diese für notwendig halten und sich so sicherer fühlen, dann nehmen Sie die Merkzettel in jedem Fall mit. Jedoch sollten die Notizen Ihnen als Unterstützung zugutekommen und sich nicht negativ auf Ihre Rede auswirken. Vermeiden Sie deshalb, mit den Zetteln zu „spielen". Sobald Sie genügend Erfahrungen gesammelt haben und sich auf der Bühne geborgen und selbstsicher fühlen, können Sie in Zukunft auf Ihre Notizen verzichten oder Sie legen diese vorerst auf einem dafür vorgesehenen Podest ab. Ihre Hände sollten Sie niemals in den Hosentaschen platzieren.

Weder eine noch beide. Dies kann lässig, aber auch überheblich wirken. Zum Pausieren legen Sie Ihre Hände ineinander, falten sie leicht oder legen Sie Ihre Fingerspitzen leicht aneinander.

IHRE MIMIK

In Rhetorikbüchern wird auf die Wichtigkeit der Mimik eingegangen. Jedoch sollten Sie beim Reden den Einsatz jeglicher Mimik unterlassen. Die Erfahrung zeigt, dass sich die Mimik negativ auf Ihre Authentizität und Glaubhaftigkeit auswirken. Eine einstudierte Mimik wirkt künstlich. Je weniger Sie also Ihre Mimik einsetzen, desto befriedigender wird am Ende die Wirkung sein. Mit der Gestik verhält sich dies anders.

IHRE GESTIK

Gesten haben eine fulminante Wichtigkeit. Sie sind ein elementares Mittel, um Glaubhaftigkeit, Charisma und Meinungsführerschaft zu fördern. Bei einer Rede macht der Text an sich lediglich 30 % der Wirkung aus. Mit der Geste während der Rede ist eine wesentliche innere Grundhaltung gemeint, zu der Sie sprechen sowie eine nach außen gerichtete Haltung, die Ihre persönliche Funktion gegenüber Ihrer geäußerten Meinung sichtbar herauslesbar macht. Sauber einstudierte Gesten von Ihnen wirken keineswegs aufgesetzt oder unnatürlich - im

Gegenteil: Sie überzeugen Ihr Publikum ganz einfach und untermauern Ihre Rede. Erfahrungen zufolge hat ein Mensch aber nicht automatisch die richtige Gestik – selbst dann nicht, wenn er oder sie vom Thema wirklich erfasst ist und sich in seinen Themenschwerpunkt richtig hineinsteigert.

In der Rhetorik gibt es drei Schwerpunkte und deren Bedeutung, die Sie bei Ihrer Gestik zu berücksichtigen haben. Untermauern Sie die Botschaft hinter der von Ihnen gehaltenen Rede und senken Sie diese vom Intellekt in das Unterbewusstsein Ihrer Zuhörer. Der erste Schwerpunkt ist die Dominanz. Sie wird ausgestrahlt durch die dominante Faust, durch den dominanten Daumen, durch den Zeigefinger bzw. Belehrungsfinger, durch den Stechfinger, durch das Niederstechen, durch den Pistolenfinger, durch das Dirigieren und durch das Zerhackstückeln mit beiden Händen.

Setzen Sie Ihre Hände sinnvoll ein und unterstreichen Sie Ihre Botschaft mit dieser Handlung. Der zweite Bereich verweist auf die Unterlegenheit. Diese kommt zum Vorschein beim Kratzen am Hals, beim Berühren der Nase, beim Streichen über das eigene Gesicht, beim Umfassen der eigenen Schultern und wenn Sie Ihre Hände betend verschränkt vor sich halten. Zu guter Letzt gibt es dann noch die Ablehnung. Sie wird durch das Verschränken der Arme – im Zusammenhang mit weiteren ablehnenden Gesten - durch das Wenden des Kopfes zur Seite, während der andere spricht, und durch das verneinende Kopfschütteln verstärkt. Auch hier können Sie sich vor einem Spiegel positionieren und sich wiederum – wie zuvor auch bei der Körperhaltung – von der Wirkung Ihrer Person überraschen lassen.

Ihr Geist

IHRE GEDANKEN

Negative Gedanken während Ihrer Rede können lähmend sein. Sie belasten und verstärken die Nervosität. Es ist leichter gesagt als getan, negative in positive Gedanken umzuwandeln. Und wenn Sie versuchen, Gedanken aus Ihrem Kopf zu verbannen, desto stärker werden diese Gehirnströme in der Regel. Aus diesem Grund sollten Sie lieber gegen Ihre beeinträchtigenden Gedanken angehen und sie letztendlich zunichtemachen.

In der Regel vergleichen sich die Menschen oft mit ihren Mitmenschen. Sie sehen, was andere haben, nehmen jedoch nicht die Konsequenz daraus wahr. Dein Kollege verdient mehr und hat ein besseres Auto? Nun, dann hat er unter Umständen mehr zu arbeiten und um Längen mehr Stress. Beachten Sie dies. Ein zweiter Aspekt ist gewiss die Meinung anderer. Viele machen ihr Selbstbild von den Meinungen anderer abhängig.

Dies kann zum Selbstzweifel führen. Denken Sie daran, dass Sie es nicht jedem recht machen können, egal wie freundlich und zuvorkommend Sie handeln. Und Ihre Selbstzweifel sollten Sie nie als Wahrheit akzeptieren. Stellen Sie sich Ihnen, um stärker zu werden. Eine weitere Ursache liegt in der Vergangenheit. Wenn Sie Ihr Leben hinnehmen, mit der Überzeugung, nichts mehr ändern zu können, kann dies zu Depressionen führen. Wir brauchen das Gefühl der Kontrolle, unser Leben aktiv mitgestalten zu können. Lassen Sie Ihre Vergangenheit los und vermeiden abschließend Schuldvorwürfe.

Gehen Sie ohne größere Erwartungen auf die Bühne. Sie werden enttäuscht sein, wenn die Rede nicht wie geplant verläuft. Dabei können Sie den Ablauf trotz Ihrer Proben nicht vorherbestimmen. Seien Sie sich dessen bewusst.

Im
Vorstellungsgespräch

SCHWÄCHEN BEWUSST WAHRNEHMEN

Was ist Ihre größte Schwäche? - Diese Frage ist beim Vorstellungsgespräch zu einem Klischee geworden. Viele halten diese Fragen für sinnlos, denn es ist sehr wahrscheinlich, dass Ihre Aussage nicht zu 100 % ehrlich ist. Aber dennoch können Personalverantwortliche anhand der Art, wie Sie antworten, einiges über Sie in Erfahrung bringen. Denn diese Art der Antwort ist sehr aussagekräftig. Beginnen wir mit den häufigsten Fehlern. Der Versuch, etwas Negatives in etwas Positives zu verwandeln, kann nach hinten losgehen.

Der Personalverantwortliche durchschaut Sie aufgrund der vielen Erfahrungen seinerseits bzw. ihrerseits. Wollen Sie auf eine wünschenswerte Qualität hinaus, so lässt dieser Ansatz vermuten, dass Sie etwas zu verbergen haben.

Ebenso unvorteilhaft wäre die Behauptung, dass Sie keine Schwächen aufweisen. Das zeigt, dass Sie Angst davor haben, etwas Falsches zu sagen. Im Kontrast dazu steht die aufrichtige Ehrlichkeit. Diese kann dazu führen, dass Ihre Schwäche die Ehrlichkeit ist. Sie sollten im Vorstellungsgespräch beispielsweise nicht erwähnen, dass Sie oft unpünktlich oder unzuverlässig sind. Sie können sich denken, dass diese Aussage keinen guten Eindruck hinterlässt, obwohl sie ehrlich sind.

Kommen wir nun zum Punkt, wie Sie diese oben genannten Fehler vermeiden und intelligent und zugleich ehrlich über Ihre Schwächen sprechen können. Machen Sie Gebrauch von einschränkenden Wörtern wie „manchmal", „gelegentlich", „ab und an", „zuweilen" oder „mitunter". Damit erhöhen Sie die Glaubwürdigkeit, da Sie realistische Beispiele aus Ihrem Berufsalltag schildern können. Sie verdeutlichen, dass Sie ein Verhalten an den Tag gelegt haben, welches zu der Zeit für Sie nicht typisch war. Hier sind zwei sympathische Schwächen, die Sie getrost verwenden können:

1.) „Manchmal kann ich nicht so schlagfertig reagieren, wie ich mir das wünsche."

2.) „Ich rede öfter mal zu viel."

Des Weiteren besteht die Möglichkeit, Ihre Schwäche mit einer Stärke zu kombinieren. Achten Sie aber auch hier darauf, glaubwürdig zu bleiben. Es folgt ein Beispiel:

„Ich habe Schwierigkeiten damit, vor größerem Publikum zu sprechen. Oft werde ich nervös und fühle mich unwohl. Jedoch versuche ich, das in den Griff zu bekommen. Aus diesem Grund habe ich begonnen, meine Rhetorik zu trainieren und zu verbessern."

Feedback

KENNEN SIE IHRE WIRKUNG AUF ANDERE?

Zu einem Feedback gehören im Gespräch: das Geben und das Nehmen. Dabei ist die Kritik immer ein Angriff auf den Selbstwert des Gegenübers, weshalb sie mit Vorsicht zu verteilen ist. Bezogen auf den Themenschwerpunkt „Rhetorik" wird in diesem Buch lediglich das Nehmen weiter ausgeführt.

Sie können nicht steuern, wann Sie ein Feedback bekommen. In manchen Berufen sind Sie vielleicht sogar zur Teilnahme an Feedback-Gesprächen verpflichtet. Nehmen Sie erstmal nur zur Kenntnis, was Ihr Gegenüber zu berichten hat. Fragen Sie bei Unklarheiten nach, um Missverständnisse zu vermei–

den. Sie können auch um konkrete Beispiele bitten. In vielen Fällen wird bei Ihnen der Wunsch ausgelöst, sich zu rechtfertigen. Sie können auch Ihre Wahrnehmung schildern. Dies ist aber nicht nötig. Bei einem Feedback-Gespräch geht es nicht darum, eine Diskussion auf Grundlage von Meinungsverschiedenheiten zu starten.

Es handelt sich hierbei lediglich um einen Austausch. Letztendlich ist es Ihnen überlassen, was Sie mit dem Feedback machen. Bei dieser Art von Rückmeldung handelt es sich um eine subjektive Wahrnehmung des Feedback-Gebers. Dies gibt Ihnen die Möglichkeit, sich selbst durch die Augen anderer zu sehen. Nutzen Sie das erhaltene Feedback für eine gute Nachbereitung. Überlegen Sie sich, was das Gehörte für Sie bedeutet und wie Sie weiter vorgehen wollen. Nehmen Sie sowohl negative als auch positive Rückmeldungen auf. Genießen Sie das Lob, um Ihre Stärken noch weiter ausbauen zu können. Bedanken Sie sich am Ende des Gesprächs bei Ihrem Gegenüber, dies erhöht u. a. die Bereitschaft, dass er oder sie weiterhin Zeit und Energie für Sie bereitstellt.

Geh hin und tu das, wovor du Angst hast

EIN APPELL AN ALLE LESER UND LESERINNEN

An dieser Stelle möchte ich mich erst einmal bedanken, dass Sie den Ratgeber gekauft und gelesen haben. Bei Ihrer nächsten Präsentation, Rede etc. können Sie gewiss einige meiner Ratschläge umsetzen, sodass Ihr nächster Auftritt authentisch und überzeugend sein wird. Zusätzlich haben Sie Informationen gewonnen über die deutsche Sprache, die Gebärdensprache und vieles mehr. An dieser Stelle möchte ich Sie nochmal dazu auffordern, keine öffentliche Mitteilung zu umgehen. Gehen Sie hin und nutzen Sie die Chance, die Ihnen geboten wird. Wenn Sie sich fürchten und Ihren öffentlichen Auftritt - egal, ob in einer kleinen oder großen Gruppe - unvermeidlich weiterhin aufschieben, dann kommen Ihnen immer mehr Selbstzweifel.

Das wird Ihnen nicht guttun. Verabschieden Sie sich von Ihrem Lampenfieber, der Nervosität und der aufkeimenden Panik. Sagen Sie „Lebe wohl" zu leergefegten Gedanken, zum trockenen Mund und stellen Sie sich Ihren Ängsten. Jeder ist einzigartig und zugleich ist niemand perfekt. Fehler und Niederlagen gehören zum Leben dazu. Aber Sie werden sehen: Wenn Sie Ihren Auftritt hingelegt haben, wird es Ihnen Spaß machen. Der Erfolg verfestigt Ihr Selbstbewusstsein. Arbeiten Sie sich immer höher. Wer weiß, womöglich steckt in Ihnen ein großer Redner mit überzeugender Rhetorik.

Viel Erfolg bei Ihrer nächsten Rede!

Herstellung und Verlag:
BoD – Books on Demand, Norderstedt
ISBN: 9783752667721

1. Auflage
Kontakt: Psiana eCom UG/ Berumer Str. 44/ 26844 Jemgum
Covergestaltung: Fenna Larsson
Coverfoto: depositphotos.com